AF250623

VINGT-SIXIÈME ANNÉE

PUBLICATION DE LA RENOMMÉE

BIOGRAPHIE GÉNÉRALE

NÉCROLOGIE

DE LA REINE

MARIE-AMÉLIE

DE BOURBON

FONDATEUR DIRECTEUR DE LA RENOMMÉE

Revue biographique et littéraire

F.ic DUPERREL-SAINTE-MARIE, de Lyon

1866

NÉCROLOGIE

DE LA REINE

MARIE-AMÉLIE

DE BOURBON.

I

Les natures d'élite grandissent au milieu des épreuves. L'auréole du malheur leur donne une éclatante consécration. Cette vérité est particuliè- rement applicable aux âmes généreuses que les décrets de la Providence avaient placées au sommet de l'ordre social. Quand le vent de l'adversité souffle sur elles, quand un de ces revers que toute la pru- dence humaine ne saurait prévenir, les précipite des hauteurs du trône, leurs vertus rayonnent d'un nouvel éclat, elles semblent environnées d'un poéti- que prestige, et quand la mort vient les frapper, l'opinion publique, en exprimant de sa voix reten- tissante ses sympathies, son admiration et ses regrets, prononce, à leur égard, le plus beau des panégyriques, la plus magnifique des oraisons funèbres.

Tels sont les sentiments que réveille la mort de Marie-Amélie qui fut pendant dix-huit ans reine des Français. C'est à Claremont, où elle avait depuis longtemps fixé sa résidence, que cette princesse a rendu le dernier soupir. Cette nouvelle, rapidement propagée par tous les organes de la presse, a eu en France, et nous pouvons ajouter dans l'Europe entière, un profond et douloureux retentissement. Marie-Amélie de Bourbon est morte entourée de tous les membres de la famille d'Orléans, réunis au château de Claremont, à l'occasion du baptême du fils du duc de Montpensier ; elle a eu la consolation de serrer la main et de dire adieu à ceux qu'elle aimait, et qui ont pu apprécier toute la vivacité de sa foi, toute la profondeur de ses sentiments religieux, toute sa sublime résignation.

Devant un cercueil, les passions politiques s'effacent, les nuances d'opinions disparaissent, l'esprit de parti s'éteint. Mais Marie-Amélie de Bourbon a joui d'un rare privilége, il n'a point été nécessaire qu'elle descendît au tombeau pour que les haines et l'envie gardassent le silence ; nous ne serons pas taxés d'exagération en affirmant qu'elle n'a jamais connu d'ennemis. Son noble caractère lui avait conquis l'estime et même les sympathies des adversaires de ce gouvernement qui a donné à notre pays dix-huit ans de paix et de prospérité. Tout le monde rend justice aux qualités éminentes, au mérite supérieur qui distinguaient la femme et la souveraine. Cet accord, cette unanimité d'opinions est le plus bel éloge de l'auguste princesse que Dieu rappelle à lui. Quelle existence fut mieux remplie que la sienne, qui donna plus de preuves de générosité? L'histoire est là pour attester sa grandeur morale. Son cœur était plein de généreuses inspirations, sa physionomie, douce et magestueuse à la fois, était l'image de son âme.

Si dans quelques circonstances, Marie-Amélie de Bourbon est intervenue dans les luttes politiques, c'est seulement pour apaiser, pour secourir, pour ôter à la répression tout caractère de violence. L'ambition, le désir de jouer un rôle éclatant ne la possédèrent jamais. Son unique but était le triomphe des principes de justice et d'humanité. Deux fois elle voulut user de son influence pour atteindre ce noble but. Son cœur se brisa, quand l'illustre et à jamais regrettable reine Hortense dut se séparer de son fils exilé en Amérique. Comme femme et comme mère, elle déploya toute la tendresse et toute l'énergie de son âme, quand le captif de Ham se vit refuser la consolation d'assister aux derniers moments du roi Louis, son auguste et vénéré père. L'histoire gardera le souvenir de sa courageuse opposition à ce qu'on nommait alors la raison d'Etat.

Mais tout éloge est ici superflu. Renfermons-nous donc dans un récit pur et simple des diverses phases de la vie de Marie-Amélie de Bourbon.

II

Marie-Amélie de Bourbon était née à Caserte (royaume de Naples), le 26 avril 1782. Elle était fille de Ferdinand IV, roi des Deux-Siciles, et de Marie-Caroline.

Dès son enfance, elle manifesta les plus nobles qualités de l'esprit et du cœur; sa jeunesse révéla toutes les ressources d'une intelligence sérieuse et forte; les lettres, les arts et toutes les études qui contribuent au développement des facultés humaines, avaient pour elle un irrésistible attrait. Toutes les personnes qui, pendant cette première période de sa vie, eurent l'honneur de la connaître, s'accordaient à faire l'éloge de sa piété douce et éclairée, de son inépuisable bienfaisance, des agréments de sa conversation, du charme et de la distinction de sa personne.

En 1809, Marie-Amélie de Bourbon épousa à Palerme le duc d'Orléans, alors exilé comme elle; jamais union ne fut mieux assortie. Il y avait entre les deux époux une parfaite harmonie de goûts des sentiments de caractères. C'était un ciel limpide, dont aucun nuage ne troubla jamais la sérénité.

Elle rentra en France avec son auguste époux. Pendant la Restauration, elle vécut dans la retraite, entièrement étrangère aux luttes ardentes des partis, et entourée des sympathies respectueuses qui s'attachaient à son caractère élevé. Faisant le bien sans ostentation, s'efforçant de cacher ses bonnes œuvres, elle sut mériter de plus en plus le surnom de la *sancta*, de la sainte, qu'on lui avait donné dans sa jeunesse. Cependant, malgré ses précautions, elle ne put toujours se soustraire à la reconnaissance de ceux qu'elle comblait de ses bienfaits. A ce propos, nous citerons une anecdote:

On se souvient du terrible hiver, en 1819. On sait

quelles dures privations, quelles cruelles souffrances
les classes laborieuses eurent à supporter au milieu
des rigueurs de cette température exceptionnelle.
Dans ces douloureuses circonstances, il arriva ce
qui arrive toujours en France, quand un grand dé-
sastre vient frapper la masse des populations. Les
classes supérieures rivalisèrent de zèle pour venir en
aide aux malheureux que le froid et la faim allaient
réduire au désespoir. Les plus illustres représentants
de l'aristocratie prirent à cet égard la plus géné-
reuse initiative ; mais une dame, connue seulement
sous le nom peu aristocratique de Mme Auber, était
citée particulièrement pour sa charité active, infa-
tigable. Mme Auber faisait des prodiges d'activité,
elle se multipliait. Chaque jour on la voyait dans
les quartiers les plus malheureux, elle visitait les
plus humbles réduits, gravissait les sept étages qui
conduisaient aux plus obscures mansardes, prodi-
guait aux malades des secours et des consolations,
apportait aux pauvres de l'argent, du linge, des
vêtements. Cette Mme Auber, se disait-on, doit pos-
séder une fortune colossale. Mais d'où sort-elle,
quels sont ses antécédents, il est singulier que personne n'ait jusqu'ici entendu parler d'une dame
aussi riche ?

Quelques curieux résolurent de pénétrer ce mys-
tère. On suivit Mme Auber, on l'épia et un matin
qu'elle sortait d'une maison du Faubourg-Saint-
Marceau, un Monsieur, placé en sentinelle à la
porte, s'écria vivement :

« Mais je reconnais cette dame... c'est la duchesse d'Orléans. »

La pieuse supercherie de la princesse était enfin

découverte; le bruit se répandit rapidement dans le quartier que le nom de Mme Auber était un pseudonyme sous lequel se cachait Marie-Amélie de Bourbon. Un rassemblement se forma, plus de deux mille personnes entourèrent la voiture où venait de monter la princesse, et leurs acclamations enthousiastes l'accompagnèrent jusqu'au Palais-Royal.

III

Quand la Révolution de 1830 éleva au trône son auguste époux, Marie-Amélie de Bourbon ne vit que des devoirs à remplir dans la haute situation où la Providence venait de la placer.

On a eu raison de le dire, la reine Marie-Amélie se serait rendue illustre par ses seules vertus, si elle n'eût été une grande princesse alliée à presque tous les souverains de l'Europe.

Il faudrait des volumes pour raconter tous les actes de bienfaisance et de générosité noble qui ont marqué son règne de dix-huit années. Mais ces faits, connus de tous, sont là pour attester l'inépuisable bonté de son cœur, ils resteront gravés dans toutes les mémoires. Chez l'auguste reine des Français, l'amour du bien était une passion. Les misères qu'elle a secourues, les larmes qu'elle a séchées, les services qu'elle a rendus parlent plus haut que le plus pompeux panégyriques. Et puis, avec quelle exquise délicatesse, avec quel art ingénieux, avec quelle gracieuse affabilité elle savait répandre les bienfaits. Tous ceux qu'elle avait obligés lui vouaient une affection et une reconnaissance sans bornes, nous pourrions dire un enthousiasme passionné.

L'amélioration du sort moral et matériel de la classe la plus nombreuse et la plus pauvre était sa plus vive préoccupation. C'est à son initiative qu'é- taient dus la création et le développement de la plu- part des œuvres charitables. Par son influence aussi bien que par ses largesses, elle leur donnait une féconde impulsion.

La reine Marie-Amélie était sympathique à toutes les manifestations de l'intelligence et du génie français; son instruction était étendue et variée; elle aimait les lettres; elle possédait au suprême degré le sentiment exquis des délica- tesses de l'art; tous les talents pouvaient compter sur son auguste patronage. Les écrivains et les artistes de mérite étaient de sa part l'objet de géné- reux encouragements.

Elle se consacrait en même temps, avec un zèle au-dessus de toute louange, à l'éducation de sa nombreuse famille, dont l'intelligence et les senti- ments se fortifiaient chaque jour sous l'influence de ses exemples et de ses enseignements. Un jour, les joies de cette intimité délicieuse furent troublés par un événement aussi imprévu que terrible. La mort du duc d'Orléans (1), de ce jeune prince si aimé et si digne de l'être, ouvrit dans le cœur de la reine Marie-Amélie une source de larmes, qui ne s'est jamais tarie.

Comme nous l'avons dit, pendant un règne de

(1) Voir la nécrologie de ce prince et la biographie de S. A. R. Mgr le duc de Nemours publiées par *la Renommée.*

dix-huit années, elle eut la sagesse de décliner tous rôles politiques. Pendant que son auguste époux portait avec autant de sagesse que de supériorité le fardeau des affaires, elle s'abstint de toute initiative. Si parfois elle sortit de cette réserve, c'était pour conseiller la clémence, la modération, c'était pour faire aimer le pouvoir.

IV

Nous n'avons point à rappeler ici les événements de 1848. Tout ce que nous pouvons dire, c'est que, dans ces circonstances difficiles, Marie-Amélie de Bourbon fit preuve d'un courage et d'une résignation au-dessus de toutes les louanges. Les natures vulgaires s'affaiblissent sous les coups de l'adversité, les natures généreuses se retrempent et se fortifient. La reine, dépouillée par un coup de main aussi audacieux qu'imprévu du prestige de l'autorité suprême, accepta sans murmurer les décrets de celui dont la main toute puissante élève les trônes et les renverse. C'est dans une foi vive et profonde que Marie-Amélie de Bourbon puisait cette indomptable énergie morale. Comment les coups de la Providence auraient-ils pu abattre son âme, qui puisait ses inspirations aux sources du christianisme les plus pures et les plus élevées.

Ce calme et cette sérénité ne se démentirent pas un seul jour dans l'exil auquel les événements l'avaient condamnée. Entourée de sa famille, elle n'éprouvait qu'un regret, celui d'être éloignée de la

France, de ce beau pays où elle avait laissé tant
d'amis dévoués, et auquel elle avait voué une inal-
térable affection, dont elle a donné des preuves
jusqu'à son dernier soupir.

Une terrible épreuve était encore réservée à
Marie-Amélie de Bourbon. La mort de son auguste
époux vint ouvrir dans son cœur une plaie large et
profonde, une de ces plaies qui saignent toujours.
Les années, en se succédant, ne purent adoucir
l'amertume de cette perte. Dans les revers comme
dans la prospérité, elle avait été la compagne assi-
due, inséparable du roi Louis-Philippe. Elle avait
passé auprès de lui les plus rayonnantes comme les
plus sombres années de sa vie. Elle lui avait voué
une tendresse, que le temps et la conformité des
sentiments et des goûts avaient encore fortifiés. La
religion, son amour pour ses enfants et les consolations de l'amitié purent seuls lui rendre suppor-
tables les restes d'une vie, où elle ne trouvait plus
désormais que vide et tristesse.

Dans l'exil comme sur le trône, elle n'eut qu'une
ambition, celle de faire le bien. Ses regards étaient
incessamment tournés vers la France. Avec quel in-
térêt sympathique, avec quelle joie et quel ravisse-
ment elle parcourait toutes les correspondances qui
lui arrivaient de ce pays; aucune des lettres qui lui
étaient adressées par des Français ne restait jamais
sans réponse. Ce sentiment de bienveillance affec-
tueuse a été, jusqu'à son dernier soupir, le mobile
de ses actes.

On sait que par une disposition spéciale consignée
dans son testament, Marie-Amélie de Bourbon a
laissé une somme de 25,000 livres sterling pour être

distribuée aux Français nécessiteux résidant à Londres. Ce fait est significatif, il peut se passer de commentaires.

V

Les obsèques de Marie-Amélie de Bourbon ont eu lieu, le 3 avril dernier, avec tout l'éclat et toute la solennité qu'exigeaient le rang et le mérite supérieur de l'auguste princesse. — Dès neuf heures du matin de nombreux équipages sillonnaient la route qui conduit de Londres à Claremont, situé à 30 kilomètres environ du sud-ouest de la métropole de l'Angleterre. Les personnes qui étaient venues pour rendre les derniers devoirs à Marie-Amélie de Bourbon se trouvaient réunies dans un vaste vestibule, servant de salon d'attente. D'après le désir exprimé par l'auguste défunte, les invitations avaient été restreintes aux membres de la famille, au corps diplomatique et à quelques intimes. Mais l'accueil le plus sympathique était fait à tous les Français arrivés à Claremont. Les portes étaient ouvertes à tous sans distinction. La seule formalité à remplir était d'inscrire son nom sur un registre.

A onze heures et demie, la salle d'attente et la bibliothèque étaient encombrées de visiteurs parmi lesquels on remarquait MM. Thiers, Guizot, le vicomte Duchâtel, le général Changarnier, le duc de Broglie, Casimir Périer père et fils, Dufaure, Dumont, Hébert, le baron Edmond de Bussières, le marquis de Bouillé, le duc d'Audiffret-Pasquier, le comte et le vicomte d'Haussonville, le baron de

Barante, Cousin, de Remusat, le comte de Jarnac, le marquis de Flers, Paul Daru, le baron d'Hautpoul, le vicomte de Ségur, Odiot, Duvergier de Hauranne, le baron Heurteloup, le comte de l'Aigle, le comte de Pontois, le marquis de l'Aubespin, le marquis de Graves, le général Julien, Estancelin, Siraudin, le duc d'Estissac, le comte Roger du Nord, le marquis d'Harcourt, etc., etc.

La presse française comptait de nombreux représentants aux obsèques de Marie-Amélie de Bourbon. Nous citerons notamment : MM. Prévost-Paradol, Saint-Marc Girardin, Cuvillier-Fleury, Xaxier Raymond, Dargeron, Henri Rochefort, Adrien Marx, etc.

L'élite de la colonie française à Londres était venue aussi rendre un dernier hommage à la noble exilée.

Le corps de l'auguste défunte avait été placé depuis la veille dans la galerie des tableaux transformée en chapelle ardente. Elle avait été, suivant son désir, ensevelie dans la robe qu'elle portait le jour de son départ de France, en 1848, et revêtue de son premier bonnet de veuve. La bière était ornée de velours noir et de clous d'argent, et portait cette inscription :

MARIE-AMÉLIE

REINE DES FRANÇAIS

NÉE A CASERTE (DEUX-SICILES)

LE 26 AVRIL 1782

MORTE A CLAREMONT, COMTÉ DE SURREY (ANGLETERRE)

LE 21 MARS 1866.

Il était près de midi, lorsqu'on plaça le cercueil royal dans le char funèbre. Ce char était fort simple et portait aux deux côtés le double écusson des maisons d'Orléans et de Sicile, et à l'arrière le monogramme de la reine surmonté d'une couronne.

Le cortége se forma et se dirigea vers la grille. En tête marchait l'aumônier portant la croix, et accompagné des prêtres de la chapelle française. Le cercueil suivait immédiatement. Les coins du poêle étaient tenus par les généraux Dumas, de Montesquiou, d'Houdetot et de Chabannes.

Les membres de la famille royale, revêtus de longs manteaux de deuil, s'avançaient ensuite dans l'ordre suivant : Le roi des Belges, le comte de Paris et le duc de Nemours formaient le premier rang; le prince de Joinville et le duc d'Aumale tenant par la main son jeune fils, le duc de Guise, venaient après; le troisième rang se composait des ducs de Chartres, de Penthièvre, d'Alençon et de Saxe-Cobourg-Gotha. Tous ces princes paraissaient vivement émus.

La marche était fermée par les ambassadeurs des diverses cours et par les assistants, invités ou non.

Le funèbre cortége s'avançait dans un religieux silence. Les habitants d'Esler, et un grand nombre de pauvres Français venus de Londres formaient la haie.

On arriva enfin à la grille, où dix-sept voitures de deuil attendaient les personnes invitées, et le cortége prit la route de Weybridge, où le corps de l'angélique défunte devait être inhumé.

A deux heures environ le lugubre cortége était arrivé à sa destination, une propriété d'aspect assez modeste, située au bout de Weybridge. On se rendit à une petite chapelle particulière.

Après un service d'assez courte durée, le cercueil fut porté à sa dernière demeure, au mausolé Taylor, qui avait reçu, il y a seize ans, les restes du roi Louis-Philippe. Alors chacun s'empressa d'arroser d'eau bénite la dépouille mortelle de la reine Marie-Amélie. Ce fut d'abord le tour des roi et princes du sang, puis vinrent les princesses.

Lorsque la famille eut accompli ce dernier acte de respect, le public fût à son tour admis au mausolée. Le caveau, qui est très-petit et fort simple, renferme à droite les tombeaux de la famille Taylor, à gauche ceux de la duchesse d'Orléans et de la duchesse de Nemours, au fond celui de Louis-Philippe et de sa fidèle compagne.

Plusieurs des assistants déposaient en passant des bouquets et des couronnes. Lord Comeys, écuyer de la reine Victoria, vint placer sur le cercueil une magnifique couronne d'immortelles, au nom de sa royale maîtresse.

A trois heures tout était terminé, et la foule quittait dans un morne silence le dernier asile d'une princesse qui a su conquérir l'affection de tous, et dont on peut dire avec une parfaite justesse :

Elle a passé sur la terre en faisant le bien.

F^{ic} DUPERREL-Ste-MARIE

DE LYON

Fondateur-Directeur de la revue et du journal *la Renommée*

Paris. — Imp. Émile Voitelain et Ce, rue J.-J.-Rousseau, 15.